Alphabet

L'alphabet

lalfabeh

Illustrated by Louise Comfort

Illustré par Louise Comfort

Aa ambulance
l'ambulance

ah   lombool–*onss*

Bb **ball**
la balle

beh lah bal

Cc carrot
la carotte

seh   lah cah–*rot*

n o p q r s t u v w x y z

Dd **dolphin**
le dauphin

deh   ler doh–*fah*

Ee elephant
l'éléphant

er   lellay–foh

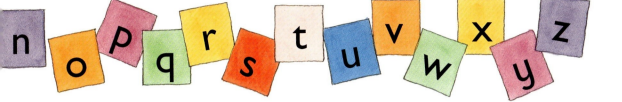

Ff fire
le feu

eff   ler fer

Gg gorilla
le gorille

shay   ler gor–ee

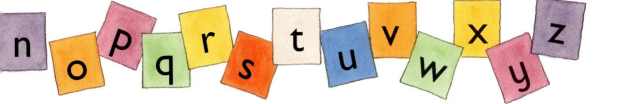

Hh helicopter
l'hélicoptère

ash lellicop–*tair*

a b c d e f g h i j k l m

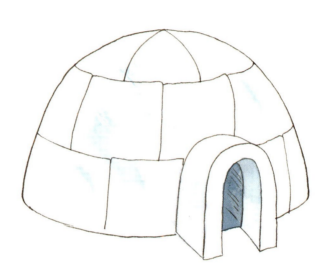

Ii igloo
l'igloo

ee lig–*loo*

Jj juggler
le jongleur

shee   ler shong–ler

Kk kangaroo
le kangourou

kah   ler kongoo–*roo*

Ll **lion**
le lion

ell ler lee—yoh

Mm   mountain
       la montagne

em   lah mon–*tyne*

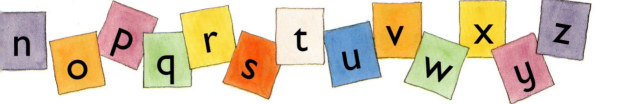

Nn night
la nuit

en   lah nwee

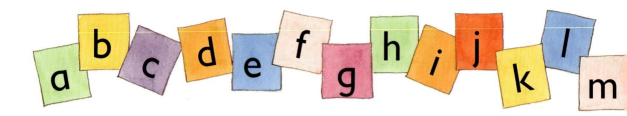

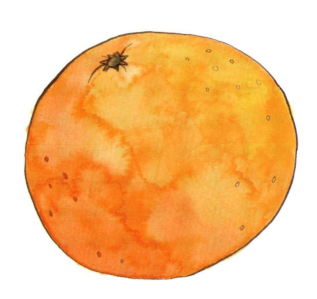

Oo orange
l'orange

o'   lor–onsh

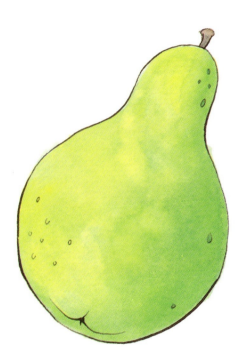

Pp pear
la poire

peh   lah pwah

Qq

queue
coo

la queue
lah ker

Rr reindeer
      le renne

air   ler ren

Ss **sun**
le soleil

ess   ler sol–*ay*

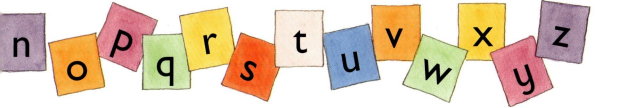

Tt telephone
le téléphone

teh   ler tellay–*foh*

a b c d e f g h i j k l m

Uu universe
l'univers

oo　　　loony–vair

n o p q r s t u v w x y z

Vv   **violin**
le violon

veh   ler vee—o—*loh*

Ww wigwam
le wigwam

doubl' *veh*   ler wig*wam*

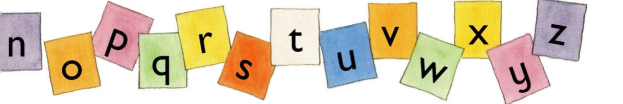

Xx xylophone
le xylophone

eeks   ler kseelo–*foh*

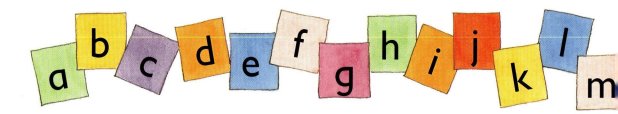

Yy   yacht
le yacht

ee-*grek*   ler yot

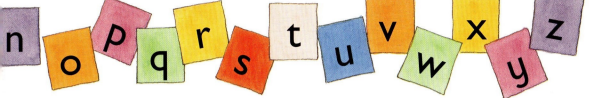

Zz zebra
le zèbre

zed   ler zair–br'

The End

Fin

fah